BEI GRIN MACHT SICH IHR WISSEN BEZAHLT

- Wir veröffentlichen Ihre Hausarbeit,
  Bachelor- und Masterarbeit

- Ihr eigenes eBook und Buch -
  weltweit in allen wichtigen Shops

- Verdienen Sie an jedem Verkauf

Jetzt bei www.GRIN.com hochladen und kostenlos publizieren

Gül Simsek

Lothar von Supplinburg: Untersuchung der Wahl Lothars III.

GRIN Verlag

Bibliografische Information der Deutschen Nationalbibliothek:

Die Deutsche Bibliothek verzeichnet diese Publikation in der Deutschen National-
bibliografie; detaillierte bibliografische Daten sind im Internet über http://dnb.d-
nb.de/ abrufbar.

Impressum:

Copyright © 2012 GRIN Verlag GmbH
Druck und Bindung: Books on Demand GmbH, Norderstedt Germany
ISBN: 978-3-656-49228-3

Dieses Buch bei GRIN:

http://www.grin.com/de/e-book/231993/lothar-von-supplinburg-untersuchung-der-
wahl-lothars-iii

1. Einleitung

Nachdem der kinderlose Kaiser Heinrich V. am 23. Mai 1125 verstorben war, befand sich das Reich in einer heiklen Situation. Heinrich V., der aus dem Haus der Salier war, hatte vor seinem Tod niemanden zum Nachfolger designiert, auch nicht einen Mann aus seiner Verwandtschaft, wie es üblich war. Der letzte Salier-Kaiser hatte sich im Reich aufgrund seiner Politik nicht besonders beliebt gemacht. Die Fürsten standen nun vor der Aufgabe, einen neuen König zu wählen. Da sie die Regierungszeit Heinrichs V. nicht in guter Erinnerung hatten, neigten sie dazu, aus dieser Situation ihren Nutzen zu ziehen, indem sie einen neuen Herrscher wählten, der in keiner geblütsrechtlichen Verbindung zum verstorbenen Kaiser stand. Die Fürsten und Bischöfe, die an der Wahlversammlung teilnahmen, schlugen drei Kandidaten vor. Einer dieser Kandidaten war der Sachsenherzog Lothar von Supplinburg. Dieser hatte kein gutes Verhältnis zu Heinrich V., war nicht aus dem Königshaus und bat sogar die Fürsten unter Tränen, seine Kandidatur abzulehnen. Dennoch ging der Herzog von Sachsen aus der Wahlversammlung als Sieger hervor. Warum gerade Lothar von Supplinburg und nicht der staufische Herzog Friedrich von Schwaben, welcher bereit war, in die Nachfolge seines Onkels Heinrich V. anzutreten, zum König erhoben wurde, soll in der vorliegenden Arbeit untersucht und analysiert werden.

Obwohl die Forschung die Regierungszeit Lothars III. oft als „störende Unterbrechung der Herrschaftsfolge"[1] betrachtet, markiert die Wahl Lothars einen Höhepunkt in der Geschichte der deutschen Königswahl. Kaiser bestimmten ihre Nachfolge selbst und meistens recht früh. Dies war bei Heinrich V. nicht der Fall, da er vermutlich im Sterbebett seinen Neffen Friedrich lediglich als Nachfolger empfohlen, aber nicht zum König ausgerufen hatte.

Zunächst stelle ich die Biographie Lothars III. dar, um seinen politischen Aufstieg besser nachvollziehen zu können. Im nächsten Teil erfolgt die Erläuterung der Nachfolgeregelung, die das Reich in eine konfliktreiche Situation brachte, aber den Fürsten die Möglichkeit gab, bei der Wahlentscheidung mitzuwirken. Im Anschluss an die Situationsdarstellung des Reichs stelle ich das Hauptaugenmerk dieser Arbeit vor und untersuche den Ablauf und Ausgang der Wahl. Anschließend bewerte ich die Wahl von 1125 aus der Sicht der Forschung. Die Schlussbetrachtung fasst schließlich alle vorgestellten Punkte zusammen und beurteilt die Wahl Lothars III.

---

1 Hermann, Oliver: Lothar III. und sein Wirkungsbereich. In: Berg, Dieter (Hg.): Europa in der Geschichte, Bd. 5. Bochum 2000, S. 329.

2. Lothar von Supplinburg

Lothar wurde 1075 als Sohn Gebhards von Supplinburg geboren. In seinem Geburtjahr fiel sein Vater in der Schlacht bei Homburg gegen Heinrich IV.[2] Auch seine Mutter Hedwig von Formbach war Heinrich IV. feindlich gestimmt. Nach dem Tod Gebhards heiratete die Mutter Lothars den Herzog von Oberlothringen, und Lothar wuchs in der sächsischen Opposition bei seinem Formbacher Onkel auf.[3]

Lothar heiratete 1100 Richenza von Northeim. Sie kam aus der Familie der Northeimer Grafen und war die Enkelin Ottos, welcher ein großer Führer Sachsens und Gegner Heinrichs IV. war.[4] Lothar nahm schon im jungen Alter Frauen seiner Familie, die politisch aktiv waren, in Schutz, von deren Erbe, den Orlamünder Erben, er später profitieren würde.[5]

Heinrich V. verlieh Lothar nach dem Tod des kinderlosen Herzog Manus' 1106 das sächsische Herzogtum. Der Grund, weshalb der Kaiser ihm das Herzogtum Sachsen verlieh, liegt zum Einen daran, dass Lothar zu der sächsischen Opposition gehörte, die Heinrich V. im Thronkrieg gegen dessen Vater unterstützt hatte, zum Anderen galt Lothar als mächtiger, aber zu diesem Zeitpunkt nicht gefährlicher Mann, im Gegensatz zum Bayernherzog Heinrich der Schwarze, der ebenfalls die Nachfolge hätte antreten können.[6] Doch schon bald sollte dies widerlegt werden. Zum ersten Konflikt zwischen Lothar und Heinrich V. kam es, als der Kaiser versuchte, seinen Einflussbereich durch Reichsministerialen auszudehnen. Heinrich V. ließ den Ministerialen Heinrich Haupt in Meißen einsetzen und das Land bis nach Thüringen kontrollieren. Herzog Lothar von Supplinburg belagerte erfolgreich die Burg, die von Haupt befehligt worden war, ließ dessen Sohn als Geisel nehmen und kehrte zurück als Sieger.[7] Heinrich V. sah sich in seiner Hoheit beleidigt und enthob ihn seiner Herzogswürde. Erst nachdem sich Lothar dem Kaiser unterwarf, wurde ihm sein Herzogtum zurück gegeben.[8] Es war jedoch keine langanhaltende Versöhnung. Der Kampf zwischen den beiden Männern um das Orlamünder Erbe, der schon lange andauerte, erreichte ein Jahr später seinen Höhepunkt.

---

2 Hildebrand, Ruth: Herzog Lothar von Sachsen. Hildesheim 1986, S. 5.
3 Schneider, Reinhold: Kaiser Lothars Krone – Leben und Herrschaft Lothars von Supplinburg. Zürich 1986, S. 70.
4 Boshof, Egon: Die Salier. 4. aktual. Aufl.. Stuttgart 2000, S. 266.
5 Vgl. Hildebrand 1986, S. 7.
6 Vgl. Hildebrand 1986, S. 23.
7 Böhmer, J. F.: Regesta Imperii IV. Die Regesten des Kaiserreiches unter Lothar III. Und Konrad III., 1. Teil. Köln 1994, S. 44.
8 Laudage, Johannes: Die Salier – das erste deutsche Königshaus. München 2006, S. 109.

Lothar stand wieder vor der Gefahr, dass ihm sein Herzogstitel abgedankt werden würde.[9] Der Herzog von Sachen musste „barfuß und im Büßergewand" auf der Hochzeit des Kaisers mit Mathilde erscheinen.[10] Erneut standen sich beide Positionen 1115 aufgrund des sächsischen Widerstands gegen höhere Steuern gegenüber. Der Kaiser musste von der Schlacht am Welfeshölze bei Eisleben mit einer Niederlage zurückkehren und verlor seinen Einflussbereich in Norddeutschland.[11]

3. Die Wahl von 1125

3.1. Die Situation im Reich nach dem Tod des Kaiser Heinrichs V.

Kaiser Heinrich V. war der Sohn des salischen Kaisers Heinrich IV. Bevor Heinrich V. 1111 Kaiser des Heiligen Römischen Reiches wurde, war er bereits seit 1099 Mitkönig und ab 1106 König. Als der Kaiser am 13. Mai 1125 kinderlos nach langer Krankheit verstarb, fand auch die salische Dynastie ihr Ende. Obwohl sich Heinrich seiner langen Krankheit bewusst war, hatte er keine Nachfolgeregelungen getroffen. Es besteht allerdings die Möglichkeit, dass er bis zuletzt gehofft hat, dass ihm ein Sohn geboren wird.[12] Die Verwaltung über seine Hinterlassenschaften gingen nach dem Tod Heinrichs auf seinen Neffen Friedrich über, welcher staufischer Herzog von Schwaben war. Die Reichsinsignien jedoch vertraute der Kaiser seiner Frau Mathilde an.[13] Damit habe der Kaiser seine Frau und dessen Gatten zu Nachfolgern designiert.[14] Als Gatte käme der jüngere Bruder Friedrichs in Frage, da Konrad zu diesem Zeitpunkt nicht verheiratet gewesen sei. Diese These wird allerdings aufgrund einiger Belege nicht mehr unterstützt. Konrad soll zur Zeit des Todes seines Onkels bereits eine Gattin gehabt haben und eine Eheschließung mit Kaiserin Mathilde sei damit nicht beabsichtigt gewesen.[15] Zudem habe sich Heinrich V. zu Lebzeiten nicht für die Wahl Friedrichs zum König entschlossen, weil er „sich in seiner Herrschaft nicht durch einen bereits gekrönten Nachfolger beschränken lassen wollte"[16]. Es wird jedoch vermutet, dass er versucht hat, die Thronfolge zu beeinflussen.

---

9 Vgl. Boshof 2000, S. 282.
10 Vgl. Boshof 2000, S. 282.
11 Vgl. Boshof 2000, S. 283.
12 Schmidt, Ulrich: Königswahl und Thronfolge im 12. Jahrhundert. Köln 1987, S.36.
13 Bernhardi, Wilhelm: Jahbücher der deutschen Geschichte. Lothar von Supplinburg, Leipzig 1879, S. 5.
14 Geldner, Ferdinand: Kaiserin Mathilde, die deutsche Königswahl von 1125 und das Gegenkönigtum Konrads III. In: ZbLG 40 (1977), S. 15.
15 Vgl. Schmidt 1987, S. 42.
16 Vgl. Schmidt 1987, S. 42.

Der Kaiser habe demnach versucht, die Krone auf das staufische Haus zu übertragen.[17] Der Bericht des deutschen Chronisten des Mittelalters, Ekkehard von Aura, dient als Quelle einer solchen Vermutung. Laut Schlussfolgerungen aus diesem Bericht habe er seinen staufischen Neffen Friedrich für die Nachfolge empfohlen.[18] Diese Behauptung wird allerdings stark in Zweifel gezogen, da in der Chronik des Ekkehard von Aura von einer Empfehlung Friedrichs zum Thronfolger keineswegs die Rede sei.[19]

Da Heinrich V. weder einen seiner Verwandten noch einen Fremden für die Nachfolge designiert hatte, stand das Deutsche Reich erstmals nach langer Zeit vor der Aufgabe, ohne eine Empfehlung des Kaisers einen neuen König zu wählen. Neben den schon häufiger erwähnten Namen Lothar und Friedrich, gab es noch einen weiteren Kandidaten für die Königswahl, den Markgrafen Leopold III. von Österreich, der als „Kompromisskandidat" an der Wahl teilnahm.[20] Dieser war ein bambergischer Parteigegner Heinrichs IV. Heinrich V. gab ihm seine verwitwete Schwester Agnes zur Frau.

3.2. Ablauf und Ausgang der Königswahl

Die Wahl fand vermutlich in der bischöflichen Pfalz oder im Dom statt.[21] Erzbischof Adalbert von Mainz übernahm die Leitung der ersten Wahlversammlung. Herzog Friedrich von Schwaben erschien nicht zu der ersten Versammlung, „vielleicht um den Schein zu vermeiden, als wolle er durch seine Anwesenheit einen Druck auf seine Freunde ausüben"[22]. So sei er sich ziemlich sicher gewesen, dass er gewählt werden würde. Es wurde ein Wahlausschuss eingerichtet, der aus 40 Fürsten bestand.[23] Es waren Fürsten aus Bayern, Franken, Sachsen und Schwaben, die ihre Kandidaten vorschlagen sollten. Die Sondierungsgespräche begannen sehr wahrscheinlich schon vor dem Ausschuss, da wie bereits erwähnt, die Wahlmänner versuchten, die Durchsetzung ihrer Interessen zu verfolgen. Es sei auch vorhersehbar gewesen, dass sich die Fürsten nicht auf einen Kandidaten einigen würden.[24] Während die Sachsen ihren Herzog Lothar als Nachfolger vorschlugen, hielten die Schwaben fest an ihrem Herzog

---

17 Vgl. Schmidt 1987, S. 36.
18 Vgl. Bernhardi 1879, S. 5-6.
19 Engels, Odilo: Die Staufer. 3. Auflage. Stuttgart 1984, S.21.
20 Haverkamp, Alfred: Zwölftes Jahrhundert 1125 – 1198. In: Gebhardt – Handbuch der deutschen Geschichte, Bd. 5. Stuttgart 2003, S. 57.
21 Vgl. Böhmer: RI 1994, S. 60.
22 Vgl. Bernhardi 1879, S. 29.
23 Vgl. Bernhardi 1879, S. 30. Diesem wird widersprochen in Böhmer: Ri 1994, S. 60. Die genannte Zahl von 40 Wahlmännern sei zu hoch, wahrscheinlicher sei eine Anzahl von zehn Kompromissoren.
24 Vgl. Bernhardi 1879, S. 32.

Friedrich, dem Neffen des verstorbenen Kaisers. Der Erzbischof habe die Wahl des staufischen Friedrichs verhindern und zu Gunsten Lothars Zeit gewinnen wollen, so dass er vorgeschlagen habe, einen dritten Kandidaten zu wählen. Auf diesen Vorschlag seien geistliche Fürsten eingegangen und hätten unter Berücksichtigung der Interessen des Erzbischofs den Markgrafen Leopold III von Österreich gewählt, welcher „durch seine geringfügige Macht keine Aussicht" auf eine Königswahl gehabt habe.[25]

Nun kamen also Herzog Friedrich von Schwaben, Herzog Lothar von Sachsen und Markgraf Leopold III von Österreich für die Königswahl in Frage. Bevor eine eindeutige Entscheidung zwischen diesen drei Kandidaten getroffen werden konnte, baten Lothar und Leopold unter Tränen und kniend die Fürsten, ihre Kandidatur abzulehnen.[26] Leopold fürchtete, dass die große Zahl seiner Söhne und sein hohes Alter seine Herrschaft erschweren würden. Auch Lothar war bereits 50 Jahre alt. So blieb nur noch ein Kandidat übrig, Herzog Friedrich von Schwaben. Da dieser jedoch nicht zu der ersten Wahlversammlung erschien, wurde die erste Sitzung ohne einen Beschluss geschlossen und eine zweite Wahlversammlung wurde für den nächsten Tag angekündigt. Der Neffe des verstorbenen Kaiser Heinrichs V schien seines Sieges gewiss zu sein, da seine beiden Konkurrenten die Königswürde zurückgewiesen hatten. Als nun in der zweiten Sitzung alle drei Herzöge anwesend waren, stellte der Wahlleiter Adalbert trotz der der Ablehnung Lothars und Leopolds allen drei Herzögen die Frage, „ob jeder von ihnen, gleichviel welcher von den Dreien aus der Wahl hervorgehen würde, dem Erkorenen ohne Widerspruch, Hinterhaltigkeit und Neid gehorchen wolle".[27] Leopold und Lothar schworen nicht nur, dem gewählten König zu gehorchen, sondern baten die Fürsten erneut darum, sie nicht zum König zu wählen. Als Adalbert nun auch dem Hezog von Schwaben die gleiche Frage stellte, fügte er noch hinzu, genauso wie Lothar und Leopold auf seine Designation zu verzichten und „damit die Freiheit der Wahl auch für die Zukunft zu gewährleisten".[28] Friedrich wollte nicht gleich eine verneinende Antwort auf seine Frage geben, da er die Fürsten nicht verärgern wollte, indem er unbeachtet ihrer Entscheidung auf seine Wahl bestand.[29] Auch zustimmen wollte er der Frage Adalberts nicht, da er der Königswürde so nah zu sein glaubte und ein neues Verfahren alles verändern würde. So wich er der Frage des Wahlleiters aus,

---

25 Vgl. Bernhardi 1879, S. 32-33.
26 Vgl. Bernhardi 1879. S. 34.
27 Vgl. Bernhardi 1879, S. 35.
28 Vgl. Schmidt 1987, S. 48.
29 Vgl. Bernhardi 1879, S. 37.

indem er erklärte, er müsse sich erst einmal mit seinen Anhängern beraten.[30]

Am nächsten Sitzungstag fehlten Friedrich und sein Schwiegervater, der Bayernherzog Heinrich der Schwarze. Damit wollte der welfische Bayernherzog vermutlich zeigen, dass er weder bereit war, den Sachsenherzog zu wählen, noch den Markgrafen Leopold III von Österreich.[31] Die Wahl wurde wieder von Adalbert I. mit einer einleitenden Frage eröffnet, die sich an Lothar und Leopold richteten. Die beiden Fürsten wurden noch einmal befragt, ob sie bereit seien, auf ihre Designation zu verzichten und der Wahlentscheidung der Fürsten zuzustimmen. Beide Herzöge bejahten dies und ein neues Wahlverfahren wurde eröffnet. Plötzlich erhob sich unter den Fürsten eine Gruppe und rief: „Lothar soll König sein!"[32] In diesem Augenblick wurde Lothar ergriffen, auf die Schultern gehoben und trotz Einspruchs und Widerstrebens zum König akklamiert. Grund für diese tumultuarische Königserhebung sei die Befürchtung der Anhänger Lothars, dass Lothar „durch dieses Verfahren um das Königtum gebracht würde".[33] Die Situation wurde besonders unangenehm, als vor allem die bayerischen Fürsten gegen die plötzliche Akklamation Lothars protestierten und mit dem Verlassen der Versammlung drohten. Auch außerhalb des Versammlungsraums herrschten chaotische Zustände. Die Menschen versuchten in den Sitzungsraum einzudringen, um den ihnen noch unbekannten König zu feiern. Der Erzbischof von Mainz handelte in diesem Augenblick, indem er die Türe verriegelte, so dass niemand herein und niemand heraus konnte.[34] Einige Fürsten und Bischöfe versuchten die Wahlordnung wiederherzustellen. Erzbischof Konrad von Salzburg und Bischof Hartwich von Regensburg des bayerischen Episkopats verlangten nach der Anwesenheit des Bayernherzogs Heinrich der Schwarze. Auch Lothar war eine Regelung der Situation wichtig, wahrscheinlich ging es ihm darum, Formfehler bei seiner Wahl zu vermeiden.[35]

Nachdem Heinrich der Schwarze herbeigerufen wurde, stimmte jeder noch einmal nach Rang und Alter, und Heinrich der Schwarze stimmte für Lothar. Auch Friedrich von Schwaben musste die Wahl Lothars durch „seine Huldigung noch in Mainz" anerkennen.[36] Mit welchen Mitteln Heinrich der Schwarze auf die Seite Lothars gebracht werden konnte, ist unbekannt. Es lässt sich jedoch vermuten, dass sich dem

---

30 Vgl. Schmidt 1987, S. 48.
31 Vgl. Speer 1983, S. 63.
32 Vgl. Bernhardi 1879, S. 39.
33 Vgl. Bernhardi 1879, S. 63.
34 Vgl. Speer 1983, S. 64.
35 Vgl. Stoob 1974, S. 454.
36 Vgl. Böhmer: RI 1994, S. 60.

Bayernherzog große Vorteile ergaben. Lothar versprach seine Tochter dem ältesten Sohn Heinrichs, was bedeutet, dass die Macht des welfischen Herzogs trotz seines hohen Alters und seiner Söhnelosigkeit anwachsen würde.[37]

3.3. Bewertung der Wahl in der Forschung

In der Forschung stehen sich zwei Positionen bei der Frage nach dem Einfluss des Erzbischofs Adalbert I. von Mainz unversöhnlich gegenüber. Heinrich V. wurde aufgrund des Ausbaus seiner Macht auf Kosten der Territorialgewalten sehr unbeliebt, so dass die großen Männer in der Situation der ungeklärten Nachfolgeregelung die Möglichkeit sahen, eigene Interessen durchzusetzen. Vielen habe der Gedanke einer Vereinigung des Königsguts mit staufischen Gütern nicht gefallen.[38] Besonders Adalbert I. sei Gegner des Herzogs von Schwaben gewesen, da Friedrich zu Lebzeiten seines Onkels bewiesen hatte, erfolgreich als Stellvertreter des Königs „die königlichen Rechte mit harter Hand zu wahren"[39]. Eine Fortsetzung der Politik Heinrichs V. stellte für Adalbert und für viele Fürsten eine große Gefahr dar. Adalbert I. sei von Anfang an fest entschlossen gewesen, eine staufische Nachfolge, insbesondere die des Schwabenherzogs, zu verhindern.[40] In der Frage des Erzbischofs von Mainz waren laut Geschichtsforschern zwei Fallen versteckt. Zum Einen wollte er mit einer Verneinung der Frage den Fürsten die Machtgier des Herzogs von Schwaben klar vor Augen stellen. Mit seiner Frage habe der Erzbischof von Mainz nur auf den Verzicht Friedrichs auf seine Designation gezielt.[41] Diese Aussage wird allerdings mit dem Argument, dass das Vorgehen durch die Wahlordnung festgelegt war, entkräftet. So sei das Ziel der Frage nicht das Verhindern der Wahl Friedrichs gewesen, „sondern Lothar und das sächsische Herzogtum dem neuen König zu verpflichten, wenn es nicht Lothar werden sollte".[42] Zum Anderen habe Adalbert versucht, den Fürsten die Rechtsüberzeugung des schwäbischen Herzogs zu zeigen, da mit einer Bejahung der Frage der Herzog „das von ihm verfochtene Geblütsrecht zu Gunsten der der freien Wahl preisgegeben hätte".[43] Ob er jedoch tatsächlich auf seiner geblütsrechtlichen Zugehörigkeit bestand,

---

37 Vgl. Bernhardi 1879, S. 43.
38 Vgl. Schmidt 1987, S. 44.
39 Vgl. Schmidt 1987, S. 44. Lothar Speer kritisiert diese Theorie, da nicht eindeutige Beweise vorhanden seien, die die Stauferfeindlichkeit Adalberts belegen, in: Speer 1983, S. 142.
40 Stoob, Heinz: Zur Königswahl Lothars von Sachsen im Jahre 1125. In: Beumann, Helmut (Hg.): Historische Forschungen für Walter Schlesinger. Köln 1974, S. 445.
41 Vgl. Schmidt 1987, S. 49.
42 Speer, Lothar: Kaiser Lothar III und Erzbischof Adalbert I. von Mainz. Köln 1983, S. 67.
43 Vgl. Speer 1983, S. 63.

bleibt in der Forschung umstritten, denn Friedrich war nicht der einzige staufische Neffe Heinrichs V. Zudem hielten viele Fürsten nicht viel von der Regentschaft Heinrichs V., so dass sie sich wahrscheinlich nicht auf seine Verwandtschaft berufen wollten. Dennoch standen seine Chancen für die Königswürde nicht schlecht, da noch einige Fürsten der traditionellen Meinung waren, einen Mann aus dem Königshaus zu wählen. Eindeutige Belege, die dafür oder dagegen sprechen, dass Adalbert I. den Ausgang der Wahl beeinflusst habe, gibt es somit nicht.

4. Fazit

Wertet man die vorangegangenen Kapitel aus, so wird deutlich, dass die Wahl Lothars zum König verschiedene Betrachtungen hervorruft. Bei der Wahl von 1125 standen Bischöfe und Fürsten vor der Wahl zwischen drei Kandidaten. Der dritte Kandidat, Markgraf Leopold III. von Österreich, spielte bei der Wahl keine bedeutende Rolle. Vielmehr standen erbrechtliche Ansprüche der Schwaben dem Prinzip der freien Wahl gegenüber.

Die Wahl Lothars von Supplinburg zum König hatte mehrere Gründe. Die salische Dynastie hatte versagt, da die Erwartungen, die in die Salier gesetzt worden waren, nicht oder nur selten erfüllt wurden. So kam mit dem Tod Heinrichs V. für viele Fürsten die Chance auf, dem Reich durch einen neuen nicht-salischen König aus der Krise zu helfen. Die Konflikte zwischen den weltlichen und geistlichen Herrschern ließ den Machtzuwachs der Reichsfürsten zu, so dass das Königtum strukturell geschwächt und die Zusammenarbeit mit den Fürsten unvermeidlich wurden. Ob und inwieweit der Erzbischof Adalbert I. von Mainz den Ausgang der Wahl beeinflusste, kann nicht geklärt werden, da sowohl Gründe dafür als auch dagegen sprechen, aber für beide Positionen gibt es keine Belege, lediglich Vermutungen. Eine sehr bedeutende Rolle bei der Wahl Lothars spielte der Bayernherzog Heinrich der Schwarze. Es bleibt offen, wie die Wahl ohne seine Zustimmung ausgegangen wäre. Letztendlich gab man ihm das letzte entscheidende Wort. Fraglich ist auch, ob Heinrich der Wahl Lothars ohne den Vorteil, den man ihm versicherte, zugestimmt hätte. Lothar versprach seine Tochter dem Sohn Heinrichs, weil er auf das Wort Heinrichs angewiesen war. Aus diesem Grund ist die Ablehnung der Designation durch den Sachsenherzog unglaubwürdig. Dennoch kann die Wahl Lothars von Supplinburg als Volkswahl angenommen werden, da sie nicht auf einer erbrechtlichen, sondern auf einer freien Wahl basierte.

Quellen- und Literaturverzeichnis

Bernhardi, Wilhelm: Lothar von Supplinburg. Leipzig 1879.

Böhmer, J. F.: Regesta Imperii IV. Die Regesten des Kaiserreiches unter Lothar III. Und Konrad III., 1. Teil. Köln 1994.

Boshof, Egon: Die Salier. 4. Auflage. Stuttgart 2000.

Geldner, Ferdinand: Kaiserin Mathilde, die deutsche Königswahl von 1125 und das Gegenkönigtum Konrads III. In: ZbLG 40 (1977).

Haverkamp, Alfred: Zwölftes Jahrhundert 1125 - 1198. In: Gebhardt – Handbuch der deutschen Geschichte, Bd. 5. Stuttgart 2003.

Hermann, Oliver: Lothar III. und sein Wirkungsbereich. In: Berg, Dieter (Hg.): Europa in der Geschichte, Bd. 5. Bochum 2000.

Hildebrand, Ruth: Herzog Lothar von Sachsen. Hildesheim 1986.

Laudage, Johannes: Die Salier - das erste deutsche Königshaus. München 2006.

Schmidt, Ulrich: Königswahl und Thronfolge im 12. Jahrhundert. Köln 1987.

Schneider, Reinhold: Kaiser Lothars Krone – Leben und Herrschaft Lothars von Supplinburg. Zürich 1986.

Speer, Lothar: Kaiser Lothar III. und Erzbischof Adalbert I. von Mainz. Köln 1983.

Stoob, Heinz: Zur Königswahl Lothars von Sachsen im Jahre 1125. In: Beumann, Helmut (Hg.): Historische Forschungen für Walter Schlesinger. Köln 1974.